ELISABETH
SANDMANN

1. Auflage 2004
ISBN 3-938045-01-9

Fotos Clemens Zahn
Essay Cees Nooteboom
Nachwort Claudia Lanfranconi
Redaktion Eva Römer
Gestaltung Georg Feigl
Herstellung Karin Mayer, Peter Karg-Cordes
Lithografie inteca Media Service GmbH, Rosenheim
Druck und Bindung L.E.G.O., Vicenza

ENGEL

Von der Schönheit stiller Boten

Dem liebsten Engel auf Erden!

K.

Weihnachten 2004

ELISABETH
SANDMANN

Cees Nooteboom

Die Rückkehr der Engel

Plötzlich sind sie wieder da, die Engel. Sie sind zurückgekehrt, obgleich wir eigentlich gar nicht gemerkt hatten, dass sie verschwunden waren. Die ganze Zeit über waren sie ganz in unserer Nähe, auf Friedhöfen, auf den Kapitellen romanischer Kirchen, in Gemälden von Filippo Lippi, als Skulpturen von Bernini, in den Worten Rilkes, Shakespeares und Dantes. Den Engeln war also nichts passiert, sie hatten jahrhundertelang ruhig gewartet, in der Kathedrale von Chartres, in den Stichen Rembrandts und den Triptychen Grünewalds, in Miltons *Paradise Lost* und in den Liedern Hildegard von Bingens. Gewartet, bis wir sie wieder sehen, bis wir wieder über sie nachdenken würden. Sie hatten die Zeit, die wir im Begriff waren zu verlieren.

Wann habe ich zuletzt über Engel nachgedacht? Oder habe ich nie wirklich über sie nachgedacht, weil ich sie schon von frühester Kindheit an um mich hatte? Überall waren sie, in Gebetbüchern, Andachtsbildern, Gemälden, Bleiglasfenstern, wenn man katholisch erzogen wurde, konnte man ihnen gar nicht entgehen. Ein Engel verkündete Maria, dass sie die Mutter Gottes werde, ein Engel mit flammendem Schwert vertrieb Adam und Eva aus dem Paradies, Jakob kämpfte mit einem Engel, Luzifer war ein gefallener Engel, und man selbst hatte, wenn alles

war, wie es sein sollte, einen Schutzengel, der einen vor allem möglichen Unheil behüten sollte. Engel, so lernte man auch noch, gab es in verschiedenen Arten, Seraphim und Cherubim, Throne und Mächte, gewöhnliche Engel und Erzengel. Dem Gefühl nach waren es Männer, allerdings Männer in mehr oder weniger weiblichen Gewändern, auf eine geheimnisvolle Weise nie alt – ein fünfzigjähriger Engel ist etwas Undenkbares. Sie hatten eher Locken als Haare, keine Schuhe, Brillen natürlich schon gar nicht, wohl aber diese eigentümliche anatomische Zugabe, Flügel, mit denen sie eigentlich in die Rubrik Ornithologie fallen müssten, obwohl sie all ihrer Federn zum Trotz doch eher zu den Menschen und damit zu den Säugetieren zu gehören scheinen, ein fast blasphemischer Gedanke, weil sie dafür zu heilig, zu andersartig und zu zeitlos sind. Aber sind es nun Männer oder nicht?
Sie sind es nicht, sagt das 2. Konzil von Nizäa im Jahr 787, und zwar einfach deshalb, weil sie keinen Körper haben. Und auch der Koran ist sich sicher: Sie haben kein einziges Attribut des männlichen oder weiblichen Geschlechts, was streng genommen nicht unbedingt bedeuten müsste, dass sie keinen Körper haben, das Problem aber doch wieder vergrößert. Es gibt immer einen Augenblick, da etwas ganz Alltägliches plötzlich rätselhaft wird, eine

Rätselhaftigkeit, der man nur mit dummen Fragen beikommen kann. Hat jemand je das Skelett eines Engels gesehen? Hat jemand je versucht, es zu zeichnen? Ich könnte mir vorstellen, dass Leonardo da Vinci, der sich so für die Technik des Fliegens interessierte, es versucht hat, und sei es nur, um herauszufinden, wie diese Flügel nun eigentlich anatomisch am Körper befestigt sind.

Engel sind imaginäre Wesen, doch obgleich sie dem Konzil von Nizäa zufolge keinen Körper haben, hat dieser Umstand offenbar niemanden daran gehindert, sie mit einem solchen darzustellen – den Luftraum könnte man verdüstern mit den Flügelmännern von Raffael, Giotto, Fra Angelico, Rubens, Zurbarán und ganze Engelsgeschwader aus all den Geflügelten rekrutieren, die auf spanischen und italienischen Friedhöfen die Toten bis zum Jüngsten Gericht bewachen.

Ich erinnere mich besonders an die *Grablegung der heiligen Katharina* von Zurbarán, drei riesige, sehr männliche Engel, die den in ein seidenes Totengewand gehüllten Leichnam der Heiligen an dem grauenvollen messerbewehrten Martergerät vorbeibugsieren, auf dem sie zu Tode gekommen ist. In diesem Bild ist es sehr still, aber das ist natürlich nicht möglich: Es muss ein heftiges Federflappen und -rauschen zu hören gewesen sein, weil sich

die Engel mit ihren großen Flügeln gegenseitig natürlich nicht behindern durften und gleichzeitig zusehen mussten, das Gleichgewicht nicht zu verlieren.
Mit einem Mal möchte man dann wissen, welcher Art diese Federn nun eigentlich sind, wie viel Luft die Engel mit ihren mannsgroßen Flügeln verdrängen, wie schnell sie fliegen, wie sie landen, ob sie Probleme mit Stürmen und anderen Launen des Wetters und der Thermik haben, kurzum: Rätsel, die sowohl etwas mit Heiligkeit als auch mit Aerodynamik zu tun haben.
Warum faszinieren diese heiligen Traumwesen uns so? Genau deshalb, weil es Traumwesen sind, die etwas können, was wir auch liebend gern könnten, nämlich fliegen. Sie brauchen sich nicht um die Gesetze der Schwerkraft zu kümmern, denen wir unterworfen sind, sie fliegen unbeschwert hin und her zwischen unserer irdischen Flüchtigkeit und der Ewigkeit, die ihre Wohnstatt ist, und trotz ihrer Schwerelosigkeit brauchen sie die menschenunwürdige Kleidung nicht zu tragen, die unsere sterblichen Astronauten anlegen müssen, um sich auch nur ein ganz kleines Stück von der sie und uns beständig zurückrufenden Erde entfernen zu können. Wer je in einem Traum geflogen ist, weiß, was ich meine. Es ist nicht das Gleiche wie in einem Skilift, einem Hubschrauber oder einem

MVSS SCHE

Flugzeug, es geht um das *eigenständige* Fliegen, den langsamen Flügelschlag, das eigentümliche Wiegen, Schweben und selig auf der Luftströmung Dahingleiten, das wir den Möwen, Bussarden und Störchen abgeguckt haben, ein wollüstiges Gefühl von Macht, der Blick von hoch über der Welt, der alles, auch das Verborgenste, erspäht.

Ich habe mir vorzustellen versucht, wie es ist, einem Engel zu begegnen. Dazu muss man sich auf dem Friedhof von Genua oder von San Michele in Venedig genau vor so einen marmornen Engel stellen und sich einbilden, er (natürlich sind Engel Männer, nicht umsonst heißen sie Gabriel und Michael) ordne jetzt kurz seine Marmorflügel und breite sie dann aus. Wenn er sie dann auch noch hebt, bereit, um davonzufliegen, steht man unversehens im Schatten einer Sonnenfinsternis. Du bist in deine Schranken verwiesen worden, auf den Platz, an den du gehörst, wenn du nicht fliegen kannst und nicht im Himmel wohnst. Stell dir nun einen Augenblick lang vor, du seist Maria. Mach aus dem bleischweren Marmor getrost wieder Federn, auch dann ist es noch schlimm genug. Du sitzt ruhig in deinem Zimmer, nichts ahnend, das Magnifikat hat noch nicht begonnen, niemand hat dir etwas erzählt, und genau das wird dieser Engel jetzt tun, er ist

der himmlische Bote, die Stratosphäre ist für ihn nicht mehr als eine Schwelle. Plötzlich hörst du das Geräusch dieser Flügel, als setzte ein prähistorischer Vogel zur Landung an. Hast du schon einmal darüber nachgedacht, wie das klingen muss? Man hört es schon, wenn eine Taube vorbeifliegt, und erst recht, wenn die Flügel hundertmal so groß sind.
Sandro Botticelli ist der Maler, der dies mit den Augen seiner Vorstellungskraft gesehen hat. Ein roter Fußboden mit rechteckigen Steinplatten, ein strenges Muster, geometrische Linien als Kontrast zu all dem wirbelnden Textil, den Falten und Brüchen in den Gewändern (Engel sind nie nackt) der Frau und ihres geflügelten Besuchers. Für beide existiert in diesem Moment die Welt nicht mehr. Hier ist Ewigkeit am Werk, die Zeiteinheit des Mythos.
Es ist totenstill. Der Bote ist soeben eingetroffen, er hat sich hingekniet und seine rechte Hand der Frau entgegengestreckt, die leicht gebeugt über ihm steht. Ihre Hände berühren einander fast, das Bild ist von einer schneidenden Intimität, so nahe kommen sich Engel und Menschen sonst nie. Beide haben alle Finger gespreizt, als sei das die Sprache, in der sie sich äußern wollen, denn Worte sind noch nicht gefallen. Sprechen Engel alle Sprachen? Und was denken sie eigentlich von uns? Sind wir

Versager, die nicht fliegen können, die – die Chance ist recht groß – in der Hölle landen werden, die nicht wissen, wie man ewig lebt, die Gott noch nie gesehen haben? Vielleicht haben sie sogar Mitleid mit uns, und warum auch nicht. Doch mit Maria braucht dieser Engel kein Mitleid zu haben.

Sie sieht ihn nicht an, sonst sähe sie die Angst, die seiner Ehrfurcht innewohnt. Ich denke, die meisten Menschen, die so ein Bild betrachten, denken nicht ernsthaft über den Wahnwitz dieser Botschaft nach. Ein geflügelter Mann ist gerade wie ein menschliches Flugzeug in ein kleines Renaissancegemach geflogen, seine Flügel sind noch leicht erhoben, die Landschaft draußen mit diesem einen lichten, hohen Baum im mediterranen Licht liegt unbeteiligt da, der Engel will eine Botschaft aus einer Welt überbringen, die Millionen von Meilen entfernt und für ihn zugleich irrwitzig nahe ist, ein unerreichbares Gebiet, in dem Zeit und Entfernung nicht existieren. Bote, Kurier, Abgesandter, Vertreter einer geträumten Welt. Weil wir wollten, dass es sie gibt, haben wir die Engel erschaffen. Aus Worten, aus Tinte, aus Silber und Gold, Elfenbein und Holz, Marmor und Porzellan, wir haben sie erschaffen, um uns an etwas zu erinnern, um zuweilen für einen Moment glauben zu dürfen, es sei möglich, uns mit

wenigen Flügelschlägen über das Leben auf der Erde zu erheben und in den Bereich der Zeit ohne Zeit zu fliegen. Aber nein, sagt der Dichter Czesław Miłosz, das kann nicht stimmen. Er hat eine Stimme vernommen, die das Gegenteil behauptet, und vielleicht ist eine Zeit angebrochen, da man lieber ihm Recht geben möchte wegen des Dunkels, das wieder über der Welt liegt und uns an frühere Zeiten erinnert, als Frieden und Überleben ebenso wenig selbstverständlich waren und die Menschen, wie der alte Dichter, an Engel glauben wollten, um nicht allein auf der Erde zu sein.

Missen, im April 2004

Aus dem Niederländischen von Helga van Beuningen.

Von Engeln

Man hat euch die weißen Kleider genommen,
Die Flügel und selbst das Sein,
Ich glaube euch dennoch,
Boten.

Die umgestülpte Welt,
Das schwere Gewebe, bestickt mit Sternen und Tieren,
Durchwandelt ihr, die wahrhaftigen Nähte betrachtend.

Ihr rastet hier kurz,
Wohl in der Morgenstunde bei klarem Himmel,
In der Melodie, die ein Vogel nachsingt,
Oder im Duft der Äpfel im Abenddämmer,
Wenn Licht die Gärten verzaubert.

Man sagt, es hätte euch jemand erdacht,
Doch mich überzeugt das nicht.
Die Menschen haben sich selbst genauso erdacht.

Die Stimme – ist wohl Beweis,
Weil sie ohne Zweifel von klaren Wesen herkommt,
Die leicht sind, beflügelt (warum auch nicht),
Mit Blitzen gegürtet.

Ich habe im Traum diese Stimme manchmal vernommen
Und, was noch seltsamer ist, ihn etwa verstanden
Den Ruf oder das Gebot in der überirdischen Sprache:
bald ist es Tag,
noch einer,
tu, was du kannst.

Das Gedicht von Czesław Miłosz wurde übertragen von Karl Dedecius und Jeannine Luczak-Wild.

Ich suche allerlanden eine Stadt,
Die einen Engel vor der Pforte hat.
Ich trage seinen großen Flügel
Gebrochen schwer am Schulterblatt
Und in der Stirne seinen Stern als Siegel.

Und wandle immer in die Nacht ...
Ich habe Liebe in die Welt gebracht –
Dass blau zu blühen jedes Herz vermag,
Und hab ein Leben müde mich gewacht,
In Gott gehüllt den dunklen Atemschlag.

O Gott, schließ um mich deinen Mantel fest;
Ich weiß, ich bin im Kugelglas der Rest,
Und wenn der letzte Mensch die Welt vergießt,
Du mich nicht wieder aus der Allmacht lässt
Und sich ein neuer Erdball um mich schließt.

Else Lasker-Schüler, 1869–1945

Hätt ich nicht gewusst,
dass dieser Welt des Leidens
nicht zu entfliehen ist,
hätte ich mir einen Ort
fern in den Bergen gesucht.

Shikikenmon-in no Mikushige, 13. Jahrhundert

Nur wer allein schläft,
weiß, wie endlos die Herbstnacht.
Sag, wer hat es dir
erzählt? Denn du weißt doch, wie
endlos eine Herbstnacht ist.

Gidōsanshi no haha, 9. Jahrhundert

Ach, meine Seele,
gehen oder bleiben –
entscheiden musst du dich.

Henri Michaux, 1899–1984

Genügend Unglückselige auf Erden flehn
euch an:
Eilt, eilt für sie,
nehmt ihnen mit den Tagen doch die
Sorgen, die sie quälen,
vergesst dabei die Glücklichen!

Alphonse de Lamartine, 1790–1869

Auf unserem Lager
für eine Nacht, wo er mich
zurückgelassen,
ist alles so wie es war,
nur Staub hat sich aufgehäuft.

Nijū-in no Sanuki, 12. Jahrhundert

Ich throne in der Bläue gleich einer unverstandenen Sphinx;
ein Herz aus Schnee schlägt unter meiner schwanenweißen Haut;
ich hasse die Bewegung, die die Linien verschiebt,
und niemals weine und niemals lache ich.

Charles Baudelaire, 1821–1867

Wie dieser Stein
des Hl. Michael
so kalt
so hart
so ausgetrocknet
so widerständig
unbeseelt
so ganz und gar

Wie dieser Stein
ist mein Weinen
man sieht es nicht

Den Tod
büßt man
lebend ab.

Guiseppe Ungaretti, 1888–1970

Der Mond, der mir einst
leis dein Gesicht gezeigt, ruht
nun in den Tränen
auf meinem Ärmel, Tränen
eines vergangenen Frühlings.

Shunzei no musume, 13. Jahrhundert

Nicht so, wie sie sind,
erscheinen sie, sondern so,
wie die Sehenden
sie sehen können.

Johannes Damascenus, 670–753

Nur mein Leben, dem
ich misstraute, es dauert
noch, unsre Liebe,
der dein Schwur doch kein Ende
gönnen wollte, fand ein End.

Daini no sanmi, 10. Jahrhundert

Wie es schmerzt, dass du
mir deine Liebe nie schworst.
Wohin nur mit all
dem Klagen, dem Zorn, wenn ich
dich nie mehr sehen werde?

Suōno naishi, 11. Jahrhundert

Und hast mein Herz verschmäht –
In die Himmel wärs geschwebt
Selig aus dem engen Zimmer!

Wenn der Mond spazieren geht,
Hör ichs pochen immer
Oft bis spät.

Aus Silberfäden zart gedreht
Mein weiß Gerät –
Trüb nun sein Schimmer.

Else Lasker-Schüler, 1869–1945

Trennung
ist unser Loos
Wiedersehen
unsere
Hoffnung.

Schön bin ich, o ihr Sterblichen! Wie ein Traum aus Stein,
und meine Brust, an der noch jeder, einer um den anderen,
sich zerschunden, sie ist geschaffen, dem Dichter eine Liebe einzuhauchen,
die ewig und stumm ist wie der Stoff.

Charles Baudelaire, 1821–1867

Siegl

Sieh, wie das Mondlicht
uns den Zauber der dunklen
Nacht erst spüren lässt,
im Frühling, zur Zeit, wenn die
kühlen Nebel noch steigen.

Tsuchimikado-in no kozaishō ,12. Jahrhundert

Manche wissen nicht,
wie sehr sie lügen, wenn sie
uns Liebe schwören.
Wie hart diese Welt, in der
nur der Wandel Bestand hat.

Gosaga-in Chōnagon no tenji, 13. Jahrhundert

Wie sind die Ärmel
mir heute tränenfeuchter
als je sie waren,
von all den Tränen, die ich
um Vergangenes geweint.

Akazome Emon, 10. Jahrhundert

gewe-
Jahre
t. 1796

Wenn wir uns ansehn,
Blühn unsere Augen.

Und wie wir staunen
Vor unseren Wundern – nicht?
Und alles wird so süß.

Von Sternen sind wir eingerahmt
Und flüchten aus der Welt.

Ich glaube, wir sind Engel.

Else Lasker-Schüler, 1869–1945

O Zeit! halte deinen Flug an
Respektiere meine Jugend!

Antonie-Léonard Thomas, 1732–1785

Wär fast gestorben,
so gesehnt hab ich mich, so
hab ich mich gesehnt!
Darf doch nicht einfach losgehn
und dich, Lieber, besuchen.

Koshikibu no naishi, 10. Jahrhundert

Was ich dir gesagt habe gilt für die Wolken
Was ich dir gesagt habe gilt für den Meeresbaum
für jede Welle für die Vögel im Blätterwerk
für die Kiesel des Geräusches
für die vertrauten Hände
für das Auge das Antlitz wird oder Landschaft
und der Schlag gibt ihm den Himmel seiner Farbe wieder
für die ganze vertrunkene Nacht
für das Gitter der Straßen
für das offene Fenster für eine entdeckte Stirn
Was ich dir gesagt habe gilt für deine Gedanken für deine Worte:
Jede Liebkosung jedes Vertrauen hat seine Dauer und überdauert sie.

Paul Eluard, 1895–1952

Aber von dir, Engel, erflehe ich nur deine Gebete,
Engel voller Glück, Freude und Licht

Charles Baudelaire, 1821–1867

In Gedanken an
meinen Geliebten fiel ich
in Schlaf und träumte
Ihn – und wusste nichts von Traum,
sonst hätt ich ewig geträumt.

Ono no Komachi, 9. Jahrhundert

Weil wir wollten, dass es sie gibt,
haben wir die Engel erschaffen –
um zuweilen für einen Moment glauben zu dürfen,
es sei möglich, uns mit wenigen Flügelschlägen
über das Leben auf der Erde zu erheben und
in den Bereich der Zeit ohne Zeit zu fliegen.

Cees Nooteboom

Bedeckt den Mond mit
Wolkendunst, denn sein Anblick
macht mich so traurig.
Aus seinem Glanze lächelt
das Antlitz des Geliebten.

Hachijū-in Takakura, 13. Jahrhundert

Es komme die Nacht,
es schlage die Stunde,
die Tage vergehen –
ich bleibe.

Guillaume Apollinaire, 1880–1918

Engel – im Sturzflug durch ihre Geschichte

Wir mögen zweifeln, die Kirche hat die Existenz der Engel nie in Frage gestellt. Schon auf dem ersten ökumenischen Konzil von Nicäa im Jahr 325 einigte man sich darauf, dass Gott alle „sichtbaren und unsichtbaren Wesen“ erschaffen habe. Auch alle folgenden Konzilien bis hin zum I. Vatikanum 1870 bekräftigten den Glauben an die Geistwesen allen rationalistischen Strömungen zum Trotz. Selbst die fortschreitende Technisierung unserer Welt konnte das kirchliche Credo nicht erschüttern: Gott ist allmächtig und bedient sich seiner geflügelten Gehilfen. Um das klarzustellen, erklärte Papst Pius II. im Jahr 1951 den Erzengel Gabriel, der den Evangelien zufolge Maria die Geburt Jesu verkündete, kurzerhand zum Patron der Briefboten und des Rundfunk- und Fernsehwesens.[1] Damit steht sowohl unsere gesamte Informationskultur als auch unser allabendliches Unterhaltungsprogramm, sei es noch so frivol, unter göttlichen Fittichen. Aber auch ohne die Rechtfertigungshilfe der katholischen Kirche – heute scheint der Glaube an Engel stärker denn je. In der DDR waren Engel als so genannte „Jahresendflügelpuppen“ populär. Als dekorative Accessoires werden Engel in allen Formen nicht nur in der Weihnachtszeit erfolgreich vermarktet. Pausbackige Kinderengel tummeln sich auf pastellfarbenen Papierservietten, auf Kaffeebechern, Handtaschen und Regenschirmen. Und auch arrivierte Produktdesigner lassen sich von den geflügelten Himmelsboten inspirieren. „Lucellino“ hat Ingo Maurer seine Lampe getauft, die aus einem Draht, einer Glühbirne und zwei Flügelchen aus weißen Daunen besteht. Neuerdings kann man sogar T-Shirts mit Flügelaufdruck in Höhe der Schulterblätter kaufen. Die glitzernde

Seelig sind
die Todten, die
in dem Herrn

Flügelapplikation ist natürlich ironisch gemeint. Denn in einem bauchfreien Top steckt garantiert „No Angel" drin.

Der Glaube an den Schutzengel, selbst wenn dieser in der Werbung für eine günstige Unfallversicherung herhalten muss, ist dagegen sehr ernst gemeint. Unsere Vorstellung von einem persönlichen Schutzengel, der über unser Leben wacht, ist unabhängig vom Gottesglauben und auch unabhängig von jeder Konfession. Eine ganze Reihe von esoterisch gefärbten Ratgebern erklären neuerdings ausführlich, wie man mit seinem persönlichen Schutzengel in Kontakt treten kann. „Angelologen", abgeleitet von dem griechischen Wort „angelos", zu deutsch „Bote", heißen diese modernen Engelforscher, die uns über Anzahl, Herkunft, Namen und besondere Eigenschaften der Engel in Kenntnis setzten wollen, auch wenn sie keine eindeutigen Beweise für ihre Existenz liefern können. „Alles Humbug", sagen deshalb kritische Rationalisten, doch für viele Menschen sind Engel real. Fragt man die bodenständigen Deutschen nach ihrer Meinung zum Thema, so glauben fünfzig Prozent, dass es Engel gibt, und jeder Zehnte ist fest davon überzeugt, schon einmal in seinem Leben einem Engel begegnet zu sein. Engel sind in unserer Sprache eine Chiffre dafür, dass wir auf der Erde nicht alleine sind.

Überblickt man die Geistes- und Kunstgeschichte der letzten 2000 Jahre, wird deutlich, dass der Glaube an die Engel ebenso wie ihre bildnerische Darstellung stets den herrschenden philosophischen und ästhetischen Moden der jeweiligen Epochen unterworfen waren. Selbst die Bibel vermittelt uns kein einheitliches Bild. Die Aussagen über das Aussehen der Engel und ihr Auftreten auf der Erde variieren

beträchtlich. Im Alten Testament ist nur sehr selten von ihnen die Rede. In der Schöpfungsgeschichte stellt Gott nach der Vertreibung von Adam und Eva einige Cherubim „mit flammenden, blitzenden Schwertern" vor dem Garten Eden auf (I. Buch Mose 3,24). Meist sind Engel im Alten Testament jedoch Überbringer göttlicher Botschaften. In der Gestalt von Männern erscheinen drei Engel im Zelt von Abraham in Mamre, um ihm die Geburt seines Sohnes Isaak zu verkünden (I. Buch Mose 18,2). Im kollektiven Gedächtnis verankert ist auch die schöne Geschichte aus dem Religionsunterricht vom Traum Jakobs, der die Engel auf einer langen Leiter in den Himmel klettern sieht (I. Buch Mose, 28,12). Erst im Neuen Testament werden die näheren Umstände ihrer Niederkunft viel ausführlicher und spektakulärer beschrieben. Im Lukas Evangelium kommt der Engel, der den schlafenden Hirten auf dem Felde die Geburt des Jesuskindes verkündet, als Lichterscheinung zur Erde herab, während die himmlischen Heerscharen mit ihrem Gesang über den Fluren von Bethlehem das freudige Ereignis preisen (Lukas 2,8-20). Effektvoll schildert auch Matthäus den „Engel des Herrn", der den Stein vor der Grabeshöhle

Christi zur Seite rollt, als „Blitz" mit einem Gewand „so weiß wie Schnee" (Matthäus 28,3).

Nach der Auferstehung Christi tauchen Engel in der Bibel nicht mehr nur als Überbringer froher Botschaften auf, sondern werden immer häufiger als Interpreten des göttlichen Heilsplans eingesetzt. Sie informieren die Frauen, die ratlos vor der leeren Grabeshöhle stehen, über die Auferstehung Jesu, oder sie kommentieren für die zurückgebliebenen Apostel seine Himmelfahrt (Apostelgeschichte 1,4–12). Außerdem sind sie nun für den Schutz der Apostel und der jungen Christengemeinde zuständig. Als die Jünger Jesu zu Beginn ihrer missionarischen Predigten gefangen genommen werden, kommt ein Engel, um sie zu befreien (Apostelgeschichte 5,19).

Welche Aufgaben Gott seinen Engeln am Tag des Jüngsten Gerichts zugedacht hat, erfahren wir aus der „Geheimen Offenbarung des Johannes". Plötzlich kommen die holden Geistwesen gar nicht mehr so still und hilfsbereit daher. Sie bringen mit Posaunen und Trompeten den Zorn Gottes auf die Welt und lösen zahllose Katastrophen aus: Die Engel der vier Winde bringen verheerende Stürme, zweimal sieben Engel schütten die apokalyptischen Plagen über der Menschheit aus und verwandeln die Erde in einen Ort des Grauens, in den Meeren fließt Blut, Flüsse versiegen, die Sonne verfinstert sich und Hagel und ein gewaltiges Erdbeben tun ihr Übriges, um kleine und große Städte wie das mythische Babylon zu zerstören, so dass am Ende kein menschliches Leben mehr möglich ist.

Auf der Grundlage der „Offenbarung des Johannes" und der Briefe des Apostels Paulus hat der Theologe Dionysios Areopagita am Anfang des 6. Jahrhunderts seine Engellehre *Über die Himmlische Hierarchie* verfasst. Ihm ging es vor allem darum, eine Rangordnung der unterschiedlichen Engelgruppen aufzustellen. Dionysios definierte eine neunstufige Engelhierarchie, die er nochmals in drei Hauptgruppen unterteilte: Die Engel der ersten Rangstufe, die Seraphim, Cherubim und Ophanim, befinden sich demnach in unmittelbarer Nähe zu Gott und preisen ihn ohne Unterlass. Die zweite Engelkategorie bilden die sogenannten Herrschaften, Kräfte und Mächte, und der dritten Gruppe werden die Fürsten, Erzengel und Engel zugerechnet. Letztere sind es, die mit den Menschen in Kontakt treten, weil sie als Wächter über alle physischen Dinge gelten. Selbst Thomas von Aquin (um 1225–1274), einer der bedeutendsten Scholastiker des Mittelalters, übernimmt über 700 Jahre später Dionysios' Lehre. In seiner Schrift *Summa Theologica* versucht er außerdem, die Existenz der Engel nach den Regeln der Logik zu beweisen. Da eine unvollkommene Art immer auf eine vollkommenere Art verweise, könne man für die Existenz der Engel folgendes Argument ins Feld führen: Da es unterhalb des Menschen Lebewesen ohne Intellekt wie die Tiere gebe, müsse es auch oberhalb des Menschen intellektuelle, reine Geistwesen geben, die keine Körper haben.

Für die massenwirksame Verbreitung der scholastischen Engellehre des Mittelalters haben nicht nur Theologen und Kirchenhistoriker, sondern auch der italienische Dichter Dante Alighieri (1265–1321) mit seiner *Göttlichen Komödie* gesorgt. In der Beschreibung des himmlischen Paradieses, die von der Renaissance bis in die Moderne oft von

Künstlern wie Botticelli, Blake und Doré grafisch illustriert wurde, wirbeln die verschiedenen Engelchöre in neun gestaffelten Sphärenbahnen um einen zentralen Punkt herum. Im Mittelalter war man überzeugt davon, dass der gesamte Kosmos von Engelmächten gesteuert wird und dass Gott jeder Kreatur – ganz egal, ob Mensch, Tier oder Pflanze – einen persönlichen Engel zugeteilt habe.

Obwohl Theologen die Engel als reine Geistwesen definierten, versuchten Künstler, sich ein möglichst präzises Bild von ihnen zu machen. Die wohl früheste erhaltene Engeldarstellung stammt aus dem 2. Jahrhundert nach Christus und befindet sich in der Priscilla-Katakombe in Rom. Wie man auf dem Fresko in der unterirdischen Grabkammer sehen kann, werden in dieser Frühphase der christlichen Kunst die Engel noch ohne besondere Attribute als erwachsene Männer in einer weißen Tunika dargestellt. An den Füßen tragen sie Sandalen, aber sie haben keine Flügel. Erst ein paar hundert Jahre später kommen Engel in der bildenden Kunst nicht mehr ohne Flügel aus. Maler und Bildhauer konnten sich die Pendler zwischen Himmel und Erde offenbar nicht mehr ohne entsprechendes Hilfsmittel vorstellen. Schließlich waren auch die antiken Vorläufer der Engel mit mehr oder weniger großen Vogelschwingen ausstaffiert. Der griechische Gott Hermes trägt meist eine geflügelte Kappe oder ein geflügeltes Stiefelpaar, um seine Reise vom Olymp der Götter bis in den Hades zu bewältigen. Und auch die heidnischen Niken und Viktorien, die Siegesgöttinnen des antiken Rom, von denen noch ausführlich die Rede sein wird, können sich nur mit kraftvollen Flügelschlägen in die Lüfte erheben.

Erst seit dem 5. Jahrhundert ist ein schönes Flügelpaar das konstante Markenzeichen der Engel in der Kunst. Nur ihre Kleidung wird dem jeweiligen Kulturkreis oder den sich ändernden Zeiten angepasst. In der byzantinischen Kunst verwandeln sich die zarten Jünglinge der römischen Katakombenmalereien in strenge Männer mit kostbaren Gewändern, die viel mehr zu einem Kaiser oder König als zu einem devoten Diener Gottes passen. Zur Zeit der Kreuzzüge, im 12. Jahrhundert, stellt man sich den Erzengel Michael dagegen gerne als Ritter in einer zeitgenössischen Rüstung mit Kettenhemd, Schild und Speer vor. Außerdem setzt in der Kunst die Vermenschlichung der überirdischen Wesen ein. Engel zeigen plötzlich Gefühle. Auf italienischen Altarbildern des 13. Jahrhunderts freuen sie sich sichtlich über die Geburt Jesu oder sie trauern herzergreifend bei seiner Grablegung.

Die umfassende Metamorphose, welche das Bild des Engels in der frühen Neuzeit erfährt, ist einzigartig in der Geschichte der christlichen Ikonografie. Von den experimentierfreudigen Künstlern werden die Götterboten erst einmal einer radikalen Verjüngungskur unterzogen. Giotto war

1305 der erste, der in seinen Fresken in der Arena-Kapelle in Padua einen unbekleideten Kinderengel malte, der sich seitdem aus der Kunstgeschichte nicht mehr wegdenken lässt. Dralle Putti posieren nun auf den meisten Altarbildern und Kirchenfresken nicht nur als niedliche Spielgefährten des Jesuskindes, sie sind auch, wie in Raffaels berühmtem Gemälde der Sixtinischen Madonna in der Dresdner Gemäldegalerie, treue Begleiter der Gottesmutter Maria.

Noch einschneidender stellt sich in der bildenden Kunst jedoch die allmähliche Geschlechtsumwandlung der Engelwesen dar – aus ernsten jungen Männern werden erst androgyne Musikanten, dann liebreizende Mädchen mit Blumen im Haar, die bis heute unser Bild vom Engel prägen. Künstler wie Fra Angelico oder Alessandro Botticelli malen Mädchenengel von atemberaubender Schönheit, um die göttliche Herkunft der Engel angemessen zur Darstellung zu bringen. Aber auch dieses grazile Schönheitsideal kann sich nicht lange behaupten. Je üppiger die Kunst im Barock wird, desto handfester sehen auch die Körper der Engel aus. Ein gutes Beispiel für die neue sinnenfreudige Ästhetik sind die Engel von Rubens, die ihre fleischigen Arme und Beine exhibitionistisch aus abendroten Wolkenbergen baumeln lassen. Im 18. Jahrhundert haben dann vor allem süße Kinderengel aus weißem Stuck Konjunktur. Sie werden an strategisch günstigen Stellen in den ausgemalten und vergoldeten Kircheninnenräumen platziert, halten Kerzen und Kandelaber, stützen Bilderrahmen, schlagen Bücher auf, stemmen Tabernakel oder toben ausgelassen auf Altaraufbauten herum.

Erst die Aufklärung hätte den Glauben an die himmlischen Boten beinahe ausgerottet. Denn mit der Französischen Revolution bestimmen die Rationalisten das geistige Klima. Im Namen der Vernunft werden die Engel von Gelehrten einer empirischen Überprüfung unterzogen und in den Bereich der Märchen und Mythen verwiesen. Selbst biblische Berichte werden in Frage gestellt. Gott habe die Welt zwar erschaffen, sie aber dann sich selbst überlassen, so dass der Glaube an Schutzengel und Boten obsolet wird. Aber Autoren wie der materialistische Philosoph Ludwig Feuerbach, der alle göttlichen Wesen für menschliche Fantasieprodukte hielt, konnten die Götterboten nur für kurze Zeit entzaubern. Das romantische Sehnsuchtsbild des geflügelten Geistwesens zwischen den Welten hat sich unzerstörbar durchgesetzt. Im protestantisch-viktorianischen England sind es die Präraffaeliten, die den Engelkult unbeirrt weiterverfolgen. In ihren Gemälden tummeln sich betörende Mischwesen aus Elfen und Engeln, die sich nur durch ihre Flügel von den wollüstigen Frauen der mythologischen Bilder unterscheiden. Im biedermeierlichen Deutschland werden Engel ebenfalls ohne Rücksicht auf kirchliche oder philosophische Lehren der Privatmythologie des aufstrebenden

Bürgertums der Gründerzeit einverleibt. Die Münchner Druckerei Hanfstaengl weiß dies gewinnträchtig zu nutzen und bringt ab 1850 preiswerte Kunstdrucke und Photogravuren mit märchenhaft anmutenden Engelszenen auf den Markt. Sie sollen den Betrachter in einem wohnzimmertauglichen Format vor dem Verstoß gegen die bürgerlichen Moralvorstellungen warnen. Besonders beliebt sind Schutzengelbilder, die man an die Wände der Kinderzimmer hängt. Großgewachsene Engel mit Riesenschwingen halten ihre schützende Hand über puppenhaft wirkende Kinder, die an den Rand eines schrecklichen Abgrunds oder auf eine morsche Brücke über einem reißenden Wasserfall geraten sind. Als Rechtfertigung für die glühende Schutzengelverehrung beruft man sich auf die Geschichte von Tobias und dem Erzengel Raphael, die in den Apokryphen des Alten Testaments erzählt wird. Um eine Geldschuld einzutreiben, schickt der blinde Tobit seinen Sohn Tobias auf eine lange Reise. Der Erzengel Raphael zeigt dem Jungen nicht nur den richtigen Weg, er heilt auch den Vater Tobit von seiner Blindheit. Eins der meistreproduzierten Schutzengelmotive des 19. Jahrhunderts ist Wilhelm von Kaulbachs Entwurf „Zu Gott" (1858). Er zeigt einen Engel, der ein verstorbenes Kind über einer romantischen Landschaft in den Himmel trägt. Die Vorstellung von einem geflügelten Wesen, das die menschliche Seele nach dem Tod in eine andere Welt begleitet, war schon im Altertum im gesamten Mittelmeerraum verbreitet. In den Grabmalereien der ägyptischen Pyramiden sieht man vogelähnliche Wesen, welche die Verstorbenen ins Jenseits führen. In der griechischen Mythologie kommt dem Gott Hermes mit seinen geflügelten Schuhen die Rolle des Seelengeleiters, des so genannten „Psychopompos" zu. Auch die beiden mythischen Gottheiten Hypnos (Schlaf) und Thanatos (Tod) werden in der Antike als geflügelte Kinder dargestellt. Typisch für die dekorative Gestaltung von römischen Sarkophagen sind geflügelte Eroten. Diese Kinderengel, die eine umgedrehte Fackel halten, rahmen Reliefs mit Szenen aus dem Leben der Verstorbenen. Sie sind ein beliebtes Todesmotiv, das auch in der Grabmalkunst der Renaissance und des Barock immer wieder aufgegriffen wird.

Im 19. Jahrhundert kommt es dann zu einer regelrechten Invasion der Engel auf europäischen Friedhöfen. Die Grabengel, die meist von namenlosen Künstlern in Stein gehauen oder in Bronze oder Gips gegossen werden, spiegeln ebenso wie die billigen Schutzengeldrucke die Volksfrömmigkeit des 19. Jahrhunderts wider. Die Friedhofsengel trauern exemplarisch. Aber es wäre falsch zu glauben, dass sich ihre Funktion darin erschöpft, uns das gesamte Repertoire menschlicher Trauergesten vor Augen zu führen. Ihr plötzliches Auftreten ist eng verbunden mit einer neuen Friedhofskultur. Die ehemals monoton angelegten Gottesäcker

werden nun als Landschaftsgärten gestaltet, und den Engeln kommt neben ihrer Rolle als Identifikationsfigur für die Hinterbliebenen die sehr profane Aufgabe zu, die Grabmäler zwischen den hohen Büschen und Bäumen zu markieren, damit man sie nicht übersieht. Außerdem verweisen Friedhofsengel natürlich immer auf die wirtschaftliche Situation ihrer Auftraggeber. Nur gut betuchte Bürger konnten einen Bildhauer oder Steinmetz mit der Herstellung einer großen Skulptur als Grabschmuck bezahlen. Die zahlreichen Engelfiguren auf dem Friedhof di Staglieno in Genua, dem Wiener Zentralfriedhof oder dem Mailänder Cimitero Monumentale bezeugen eindrucksvoll, wie sehr der Repräsentationszwang der Reichen noch über den Tod hinaus gewirkt hat.

Vom russischen Schriftsteller Nikolai Gogol (1809–1852) stammt der Satz: „Am Gram eines Engels wird sich unsere Poesie entzünden." Es ist eben diese Poesie, welche die Bilder von Clemens Zahn einfangen möchten. Nicht er war es, der den Engelfiguren eine Mohnblume oder eine champagnerfarbene Rose in die Hand gedrückt hat, um einen effektvollen Farbkontrast zu erzielen. Er hat die Skulpturen so fotografiert, wie er sie auf seinen Streifzügen in Wien, Berlin, Genua und Prag vorgefunden hat. Die Gesichter der Engel sind ernst, ihre Köpfe gesenkt. Manche scheinen zu weinen, andere über den Sinn des Lebens nachzudenken. Sicher gibt es Menschen, die in ihren feinen Minen nichts weiter sehen als einen „traurigen Hundeblick aus bemoosten Augen". Doch die meisten Betrachter fühlen sich berührt. An den Friedhofsengeln zeigt sich exemplarisch, wie viele verschiedene Darstellungsmöglichkeiten es für die Himmelsboten gibt. Mal haben sie riesige Schwingen, mal kurze Stummelflügel, mal sind sie klein mit Babyspeck, mal groß gewachsen und muskulös, mal sind sie weiblich, dann wieder männlich. Aber eine Eigenschaft ist besonders bemerkenswert, viele von ihnen haben eine erotische Ausstrahlung. Bei allem Respekt vor der künstlerischen Freiheit der Bildhauer liegt die Frage nahe: Wie passen die sprichwörtliche Reinheit der Engel und ein sinnlich entblößter Körper zusammen? Die Antwort findet man im Alten Testament und in den Apokryphen. Nicht immer hat man sich Engel als unfehlbare Geistwesen vorgestellt, die völlig frei von allen irdischen Bedürfnissen existieren. Das Buch Henoch überliefert die Geschichte der „gefallenen Engel", und in der Genesis 6, 1–4 wird berichtet, dass die „Göttersöhne" sich von der Schönheit der menschlichen Frauen verführen ließen und Kinder zeugten, die zu Riesen wurden und das Böse auf die Welt brachten. Die Strafe Gottes für die irdische Verfehlung seiner himmlischen Boten folgte auf dem Fuß. Die „gefallenen Engel" wurden in ein Engelgefängnis geworfen, und die Lebenszeit der Menschen wurde auf hundertzwanzig Jahre begrenzt. Die allseits verbreitete Auffassung von der reinen Geistigkeit und der Keuschheit der Engel ist demnach nur die positive Seite des Engelmythos. Die weniger populäre, negative Seite ist für das christliche Weltverständnis jedoch ebenfalls entscheidend: Satan ist ein gefallener Engel. Er wurde von Gott zur Strafe für seinen Stolz in die Hölle gestürzt.

Freizügig gekleidet und erotisch in Szene gesetzt sind auch die geflügelten Niken und Viktorien, die sich in diesem Buch unter die Engel gemischt haben. Sie gelten als ikono-

grafische Vorläufer der Engel und verkörpern den Sieg. In der griechischen Mythologie treten sie erst als Begleiterinnen der Siegesgötter Zeus, Athena oder Aphrodite auf. In der römischen Antike werden sie dann als eigenständige Gottheiten verehrt. Die Nike von Samothrake im Louvre ist in der bildenden Kunst die bekannteste Repräsentantin ihrer Art. Obwohl sie aus Marmor ist, glaubt man ihr, dass sie mit ihren Riesenflügeln die Lüfte beherrscht. Eine dynamische Erscheinung mit ausgebreiteten Flügeln ist typisch für das Bild der Siegesgöttin. In der ausgestreckten Hand hält sie meist einen Siegerkranz aus Lorbeerblättern, der sich auf den Fotos von Clemens Zahn kontrastreich gegen den blauen Himmel abhebt. Ebenso wie die Friedhofsengel erleben die Viktorien im Klassizismus und im 19. Jahrhundert eine Renaissance in der Kunst. In Berlin werden gleich zwei urbanistische Wahrzeichen mit Viktoria-Skulpturen bekrönt. 1793 stellt der Bildhauer Johann Gottfried Schadow seine Quadriga mit Viktoria auf dem Brandenburger Tor auf, 1873 setzt Ferdinand Drake auf die Spitze der heute im Tiergarten stehenden Siegessäule eine Siegesgöttin aus Gold, die von den Berlinern liebevoll „Goldelse" genannt wird.

Viktorien und Grabengel verkörpern eine abstrakte Idee. Mit traditionellen Bildmitteln drücken sie Trauerschmerz und den Triumph des Sieges aus. An ihrer Körpersprache und ihren Attributen kann man sie voneinander unterscheiden, obwohl beide Flügel tragen. Erst im 20. Jahrhundert werden Engel in der Malerei und Bildhauerei zu abstrakten Figuren, die der Fantasie des Künstlers entspringen. Von Paul Klee sind viele Aquarelle und Zeichnungen zum Thema Engel erhalten. Aber seine Engel sind kaum als solche zu erkennen. Vielmehr gleichen sie lustigen Strichmännchen und tragen seltsame Titel wie *Vergesslicher Engel* oder *Engel, noch hässlich*. Walter Benjamin hat Paul Klees rätselhaften *Angelus Novus* (1920) mit seinen vor Schreck geweiteten Augen als Symbol für die eigene Geschichtsphilosophie interpretiert: „Der Engel der Geschichte muss so aussehen. Er hat das Antlitz der Vergangenheit zugewendet, aber er wird vom Sturm des Fortschritts mitgerissen und verfängt sich dabei in seinen eigenen Flügeln."
Weniger symbolträchtig und gedankenschwer erscheint der Engel dagegen seit den vierziger Jahren des 20. Jahrhunderts auf der Kinoleinwand.[2] Im Film dominiert das Engelbild vom schönen jungen Mädchen. So wird beispielsweise die junge Romy Schneider in *Ein Engel auf Erden* (1959) von Gott auf die Erde beordert, um einen attraktiven Rennfahrer wieder auf den rechten Weg der Liebe zu bringen. Die schöne Emmanuelle Béart hat man 1987 in Tom McLoughlins Komödie *Verabredung mit einem Engel* (1987) bewundern dürfen, wo ihr die heikle Aufgabe zukommt, einen todgeweihten jungen Mann vor der Hochzeit mit einer egozentrischen Braut zu retten. Die meisten Engel-Filme sind nach

demselben Muster gestrickt. Es geht um schuldig gewordene Menschen oder eine unglückliche Liebe, die erst mit der Hilfe eines Engels gerettet werden kann. Die Himmelsbilder, die sich Hollywood für diese auf Happyend programmierten Liebesfilme ausgedacht hat, erscheinen dabei ziemlich einfallslos. Meist geht die Kulisse über ein weißes Wolkenmeer nicht hinaus. Kommen Engel auf die Erde, sind sie unauffällig gekleidet. Männliche Engel tragen dunkle Anzüge oder elegante weiße Dreiteiler, weibliche Engel sind in der Regel blond und blauäugig.

Im Film sind die Engel schöner, stärker und weiser als Menschen. In Wim Wenders Film *Der Himmel über Berlin* (1987), zu dem der Schriftsteller Peter Handke das Drehbuch verfasst hat, stecken zwei Engel trotz ihrer überirdischen Fähigkeiten in einer schweren Identitätskrise. Die Götterboten Damiel (Bruno Ganz) und Cassiel (Otto Sander) sind mit ihrer Beobachterrolle unzufrieden. Sie streifen durch den Westen der geteilten Stadt Berlin, aber sie können in die Geschicke der Menschen nicht eingreifen. Dabei sehnen sie sich nach Aufregung, Liebe und nach leidvollen Erfahrungen. Als Damiel sich in die Trapezkünstlerin Marion verliebt, steht seine Entscheidung fest. Er gibt seinen Engelstatus auf, um seine Liebe zu leben. Die Lektion, die uns der Film mit auf den Weg geben will, ist simpel: Unsere irdische Welt ist so lebendig und so schön, dass selbst ein himmlisches Wesen seine Unsterblichkeit und Freiheit dafür opfert.

Claudia Lanfranconi

1 Heinrich Krauss: Die Engel. Überlieferung, Gestalt, Deutung, München 2000.

2 Gottfried Knapp: Engel. Eine göttliche Komödie, München 1995.

Die Fotografien von Clemens Zahn wurden an folgenden Orten aufgenommen:

Potsdam, Deutschland
S. 4/5, 36, 39, 129, 135

Wien, Österreich
S. 9, 10, 11, 18/19, 24, 25, 26/27, 42, 43, 44/45, 52, 54/55, 57, 62/63, 65, 66, 68/69, 71, 72, 73, 76, 77, 78, 82, 83, 85, 86, 88/89, 93, 94, 96/97, 102/103, 108, 116, 117, 124, 125, 130/131, 137, 140, 141, 142, 143, 146

Berlin, Deutschland
S. 12/13, 16, 17, 29, 41, 48/49, 50, 51, 60, 75, 95, 101, 104, 119, 120/121, 122, 136

Rapallo, Italien
S. 14

Portofino, Italien
S. 20

Genua, Italien
S. 22, 23, 28, 30, 34/35, 47, 80, 111, 150

Rhodos, Griechenland
S. 61, 115, 139

Prag, Tschechien
S. 58, 59, 106, 107, 148, 149

Hamburg, Deutschland
S. 91

München, Deutschland
S. 98, 99

San Margherita, Italien
S. 112/113

Pechtoldsdorf, Österreich
S. 126, 127

Triest, Italien
S. 144

Sagrado, Italien
S. 145

Quellennachweis

S. 37: Else Lasker-Schüler, „Gebet", aus: Lasker-Schüler, *Meine Wunder*, Leipzig 1914
S. 38: Shikikenmon-in no Mikushige, „Hätt ich nicht gewusst …", übs. von Peter Pörtner, aus: Andrew J. Pekarik, *36 Dichterinnen des Alten Japan. Höfische Dichtkunst der Heian- und Kamakura-Periode, 9. bis 13. Jahrhundert*, Köln 1992
S. 40: Gidōsanshi no haha, „Nur wer allein schläft …", übs. von Peter Pörtner, a. a. O.
S. 42: Henri Michaux, „Nausée ou C'est la mort qui vient?", aus: Michaux, *Oeuvres complètes*, Paris 1967
S. 46: Alphonse de Lamartine, „Le lac", aus: *Dreißig französische Dichter vom 15. bis 19. Jahrhundert*, ausgew. und mit Erl. von J. Descombes und E. P. Heibel, Mainz 1948
S. 53: Nijū-in no Sankuki, „Auf unserem Lager …", übs. von Peter Pörtner, a. a. O.
S. 60: Charles Baudelaire, „Die Schönheit", übs. von Friedhelm Kemp, aus: *Baudelaire, Sämtliche Werke/ Briefe in 8 Bänden*, hg. von F. Kemp und C. Pichois, Bd. 3: *Les Fleurs du Mal/ Die Blumen des Bösen*, München/ Wien 1975
S. 64: Guiseppe Ungaretti, „Ich bin eine Kreatur", aus: *Museum der modernen Poesie*, 350 Gedichte in 16 Sprachen, eingerichtet von Hans Magnus Enzensberger, Bd. 1, Frankfurt a. M. 1960
S. 67: Shunzei no musume, „Der Mond, der mir einst …", übs. von Peter Pörtner, a. a. O.
S. 70: Zitat von Johannes Damascenus
S. 74: Daini no sanmi, „Nur mein Leben, dem ich misstraute …", übs. von Peter Pörtner, a. a. O.
S. 79: Suōno naishi, „Wie es schmerzt …", übs. von Peter Pörtner, a. a. O.
S. 81: Else Lasker-Schüler, „Und", aus: Lasker-Schüler, *Mein blaues Klavier*, Jerusalem 1957
S. 84: Charles Baudelaire, „Die Schönheit", a. a. O.
S. 87: Tsuchimikado-in no kozaishō, „Sieh, wie das Mondlicht …", übs. von Peter Pörtner, a. a. O.
S. 90: Gosaga-in Chōnagon no tenji, „Manche wissen nicht …", übs. von Peter Pörtner, a. a. O.
S. 92: Akazome Emon, „Wie sind die Ärmel …", übs. von Peter Pörtner, a. a. O.
S. 100: Else Lasker-Schüler, „An den Gralprinzen", aus: Lasker-Schüler, *Meine Wunder*, a. a. O.
S. 105: Zitat von Antonie-Léonard Thomas, aus: *Dictionnaire de citations françaises*, Paris 1978
S. 109: Koshikibu no naishi, „Wär fast gestorben …", übs. von Peter Pörtner, a. a. O.
S. 110: Paul Eluard, „Was ich dir gesagt habe", aus: *Museum der modernen Poesie*, a. a. O.
S. 114: Charles Baudelaire, „Rèversibilité", aus: A. Lagarde/ L. Michard, *Les grands auteurs français du programme XIXe siècle*, Paris 1978
S. 117: Ono no Komachi, „In Gedanken …", übs. von Peter Pörtner, a. a. O.
S. 118: Zitat von Cees Nooteboom
S. 123: Hachijū-in Takakura, „Bedeckt den Mond …", übs. von Peter Pörtner, a. a. O.
S. 128: Guillaume Apollinaire, „Le Pont Mirabeau", aus: *Trésor de la poésie française*, hg. von F. Hofmann und F. Bürmann, Frankfurt a. M. 1959